Für
Yasmina Leonora

Frank Manthey

Reich werden durch Staatsbankrott

©Frank Manthey 2007

Herstellung und Verlag:
Books on Demand GmbH
Norderstedt

ISBN-13: 9783837005967

Bibliografische Information der Deutschen
Nationalbibliothek
Die Deutsche Nationalbibliothek verzeichnet diese
Publikation in der Deutsche Nationalbibliografie;
detaillierte bibliografische Daten sind im Internet
über http://dnb.d-nb.de abrufbar.

Inhalt

Einleitung

Warum schreibt ein Projektmanager wie ich ein Buch über Reichtum und Staatsbankrott?

Ganz einfach! Es ist nicht gerade erfreulich, über die Jahre für immer weniger Geld arbeiten zu gehen und andererseits eine bisher noch nie da gewesene Weltwirtschaftskrise auf uns alle zukommen zu sehen. Deshalb habe ich für meine Familie rechtzeitig vorgesorgt und möchte diese angenehm beruhigende Erfahrung in Form dieses Buches an Sie weitergeben.

Geschrieben habe ich dieses Buch auch für Leute, die aufgrund ihrer schlechten Einkommen die Forderung nach privater Alters-Vorsorge eher als Hohn empfinden. Selbst einige hundert oder wenige tausend Euro werden mit dem hier vorgestellten Konzept ausreichen, um in nicht all zu ferner Zukunft besser dazustehen, als viele derer, die sich heute noch an ihrem „dicken " Bankkonto erfreuen. Wichtiger ist mir jedoch, eine einfache Investitionsmöglichkeit vorzustellen, die massenhaft angewandt unsere Gesellschaft in einer Krisenzeit stabilisieren kann.

Ohne Sie vor die Aufgabe zu stellen, sich durch hunderte Seiten komplexer Materie hindurch zu lesen, werden Sie auf dem kürzest möglichen Weg zum Ergebnis geführt. Aufgrund jedem zugänglicher Daten aus dem Internet habe ich für Sie einfache und anschauliche Grafiken erstellt, die Ihnen den Weg zum Ziel weisen sollen.

Auch wenn die Lage ernst ist, hoffe ich doch, Ihnen noch rechtzeitig einen hilfreichen Wink mit dem Zaun-Pfahl geben zu können.

Sein Wissen nicht zu wissen
ist Krankheit,
seine Unwissenheit zu erkennen
ist Erleuchtung.

(Laotse)

Klimacrash?

Es weiß doch heutzutage jedes Kind: Wir Menschen verändern das Klima auf unserem blauen Planeten. Es kommt aus den Auspuff-Rohren unserer Autos, aus den Schornsteinen unserer Häuser und dem Atem jedes Menschen. Das gefährliche Kohlendioxid erhöht die Durchschnittstemperatur unserer Welt bald bis zum Hitze-Tod.

Verdorrte Ackerböden, schmelzende Gletscher, wirbelnde Stürme und steigende Meeresspiegel, der Anfang vom schrecklichen Ende ist gekommen.

Selbst wenn wir unsere Klima schädigenden Gewohnheiten extrem einschränken sollten, die Katastrophe auf die wir zusteuern ist nicht mehr aufzuhalten, allenfalls abzumildern.

Die großen Versicherungskonzerne kalkulieren anhand der bestehenden Daten in 50 Jahren Umweltschäden höher als die gesamte Wirtschaftsleistung der Menschheit.

Der ehemalige Beinahe-Präsident der Vereinigten Staaten von Amerika, Al Gore, enthüllte mit seiner unbequemen Wahrheit für alle Welt ersichtlich die düstere Zukunft des Homo Sapiens.
Küstenstädte versinken im Meer und die Weltwirtschaft im Treibhauseffekt.

Dann richten wir also unsere flehenden Blicke gen Himmel, hoffen auf unverdient gnädige Verschonung vor der Treibhaus-Strafe oder schauen uns doch lieber gleich die atmosphärischen Tatsachen der Erdgeschichte an ...

...google.de....CO2...Erdgeschichte ... enter

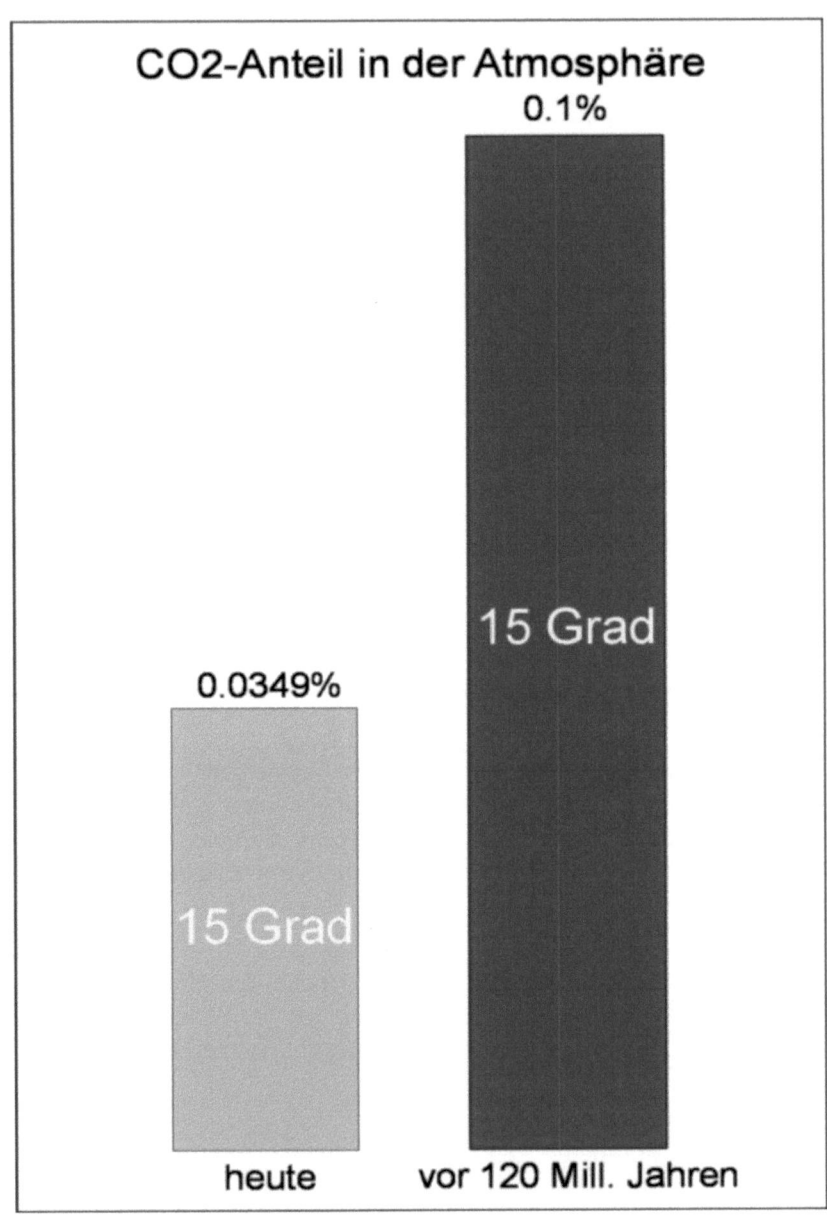

Upps ... das passt aber so gar nicht ins Bild aller Klimacrash-Jünger. Vor 120 Millionen Jahren hatten die Dinosaurier ihre Blüte-Zeit auf Erden. Rund, gesund und ziemlich riesig erfreuten sie sich weitere 60 Millionen Jahre lang bester Gesundheit. Auch die Pflanzenwelt stand in Saft und Kraft, trotz fast dreimal so vielem Kohlendioxids in der Luft. Und das um dem chaosprophetischen Fass den Boden aus zu schlagen bei der gleichen Durchschnittstemperatur wie heutzutage. Betrachtet man die atmosphärische Vergangenheit noch weiter zurück, tauchen selbst **milde Eiszeiten** bei **10.000% mehr CO2** auf!

Gibt es den Treibhaus-Effekt überhaupt?

Was sagen echte Experten dazu?

Prof. Dr. G. Gerlich von Institut für Mathematische Physik der technischen Universität Braunschweig schrieb im Vorwort des Buches „Der Freispruch" von Wolfgang Thüne:

„Mehrfach wurde ich aufgefordert, in einer wissenschaftlichen Zeitschrift vom Standpunkt eines theoretischen Physikers darzulegen, daß es den atmosphärischen Kohlendioxid-Treibhauseffekt nicht gibt. Dies habe ich immer abgelehnt, weil es sich bei diesem angeblichen Effekt nicht um Physik handelt, sondern um ein modernes Beispiel für das Märchen von Kaisers neuen Kleidern."

Deshalb werde ich mich als anerkannter Nicht-Physiker nicht auf eine Debatte zum missverstandenen Boltzmann'schen Strahlungsgesetz einlassen, sondern folgende viel interessantere Fragen stellen:

1.) Was verursacht den messbaren Temperaturanstieg wirklich?

2.) Wem nützt die Treibhaus-Lüge?

Zu Frage 1 ist anzumerken, dass die allgemein anerkannte Theorie zur Erklärung von Warmzeiten und Eiszeiten periodische Schwankungen der Erdumlaufbahn um die Sonne annimmt. Zusätzlich ändert sich in regelmäßigen Abständen die Sonnenaktivität um ca.0.6%, ablesbar an den Sonnenflecken. So hatten wir um 1970 herum eine kältere Periode, heutzutage eine wärmere und müssen zu 2030 wieder mit kalten Zeiten rechnen.

Mehr Strahlungsintensität und geringerer Abstand erzeugen höhere Temperaturen, der umgekehrte Fall niedrigere. Bei dem gegenwärtigen Stand der Technik können Menschen dagegen nicht mehr tun, als beten.

Die Beantwortung vom Frage 2 ist für den Sinn und Zweck dieses kleinen Buches schon entscheidender: Wem nützt die Treibhaus-Lüge?
Sicherlich direkt den korrupten Politikern bei der Begründung der Atomkraft-Nutzung, doch noch viel mehr der entsprechenden Industrie, die mit Vorstandsgehältern, Spenden und sonstigen Zuwendungen hinter ihnen steht.
Indirekt nutzen parasitäre Wissenschaftler freie Forschungsmittel. In den 70iger Jahren waren es gut bezahlte Forschungen zur scheinbar bevorstehenden neuen Eiszeit. Jetzt wird noch mehr Geld in die gegenteilige Richtung gepumpt. Ob Eiskernbohrung in der Arktis oder allerneuester Super-Rechner mit selbst geschriebenem Simulationsprogramm, bloß nur nicht den wissenschaftlichen Untergrund des reichlichen Geldflusses in Frage stellen.
Gesunde Mitnahme-Effekte entstanden natürlich in der Medien-Landschaft, denn mit Horror-Meldungen ließ sich schon immer gutes Geld verdienen. Als oberster Wellenreiter wären hier Al Gore und sein Doku-Blockbuster zu nennen.
Erfreuliche Nebenwirkungen sind andererseits die Förderung und der Einsatz der lange unterdrückten alternativen Energietechnologien.
(Vielleicht wussten die Erfinder der Lüge nicht, dass es wirklich wärmer wird!)
Doch was können wir daraus lernen?

Zuerst einmal gilt es festzuhalten, dass offizielle und scheinbar sichere Tatsachen aus Medien, Politik und Wissenschaft zu hinterfragen sind, wenn es darum geht echte Gefahren für Ihre Sicherheit und Ihr Vermögen ausfindig zu machen.

Eine nahende und die Weltwirtschaft verschlingende Klimakatastrophe wird es nicht sein!

Können Sie mir wirklich glauben oder zweifeln Sie an meinen Ausführungen? Wenn Sie bisher felsenfest an den von Menschen gemachten Klimawandel glaubten, könnte das etwas schwer fallen. Recherchieren Sie bitte jetzt sofort im Internet nach den erdgeschichtlichen Zusammensetzungen der Atmosphäre und den vermutlichen damaligen Temperaturen. Machen Sie sich bitte ein eigenes Bild!
Einen kritischen Blick auf den angeblichen Zusammenhang zwischen CO2 und Erdtemperatur finden Sie z.B. auf:

http://www.biokurs.de/treibhaus/treibhgl2.htm

Wenn wir nun davon ausgehen können, dass der Treibhauseffekt nur in den Köpfen der Allgemeinheit abläuft, was sagt uns das über die Psychologie der Mehrheit?

Wie leicht ist die Öffentlichkeit zu beeinflussen?

Welchen Wahrheitsgehalt haben Mehrheitsmeinungen?

Wie schnell lassen sich Expertenmeinungen für Geld kaufen?

Wen interessiert die Wahrheit, wenn das Gegenteil davon nennenswert Geld einbringt?

Gibt es Interessengruppen, die gegen die Belange der Mitmenschen gezielte Fehlinformationen in Umlauf bringen, nur um daraus Profit zu schlagen?

Könnte Einzelne um ihres eigenen Vorteils willens bereit sein, den Schaden für viele in Kauf zu nehmen?

Was wäre, wenn diese einzelnen (Gruppen) über den Großteil des menschlichen Vermögens verfügten?

Auf wen sollten Sie (und warum auch) Rücksicht nehmen?

Wie könnte bei so einem Spiel etwas Gutes heraus kommen?

Doch warum sollten die Spieler das Spiel beenden?

Könnten sie es überhaupt?

Wenn Zerstörung droht,
wie kann man dann erwarten,
dass es nicht zur Katastrophe kommt?

(Laotse)

Ursachen für den Staatsbankrott?

Wenn nicht aufgrund einer Klimakatastrophe, woran könnte dann unser Staat bankrott gehen?

Besteht eine Gefahr dafür und von woher sollte sie denn kommen?

Läuft nicht alles bestens?

Wir leben im Zeitalter der Globalisierung. Deutschland ist gerade wieder einmal Exportweltmeister geworden. Die Gewinne der deutschen Großunternehmungen explodieren förmlich und auch der Staat hat Einnahmen wie noch nie. Die Zahl der Arbeitslosen geht zurück und die Gewerkschaften fordern ordentliche Gehaltserhöhungen, um so selbst den Arbeitnehmern ein größeres Stück vom Kuchen zu sichern.

Der jahrelange Boom der Weltwirtschaft ist nun endlich in Deutschland angekommen. Sogar der Arbeitsplatz-Export in andere Länder scheint Früchte zu tragen.

Seit 1975 ist der Anteil der Entwicklungsländer am Welthandel von damals knapp 20% auf über 40% empor geschnellt. Genauso verdoppelten sich die Direktinvestitionen in diese Länder innerhalb der letzten 10 Jahre.

Der wirtschaftliche Ertrag auf der Welt wächst und wächst und verteilt sich dabei sogar in die entferntesten Regionen.

Um zu verstehen wie derart riesige Gütermengen um unseren Globus bewegt werden können, muss man sich nur die Entwicklung der Container-Schifffahrt auf den sieben Meeren anschauen...

... und auf sich wirken lassen ...

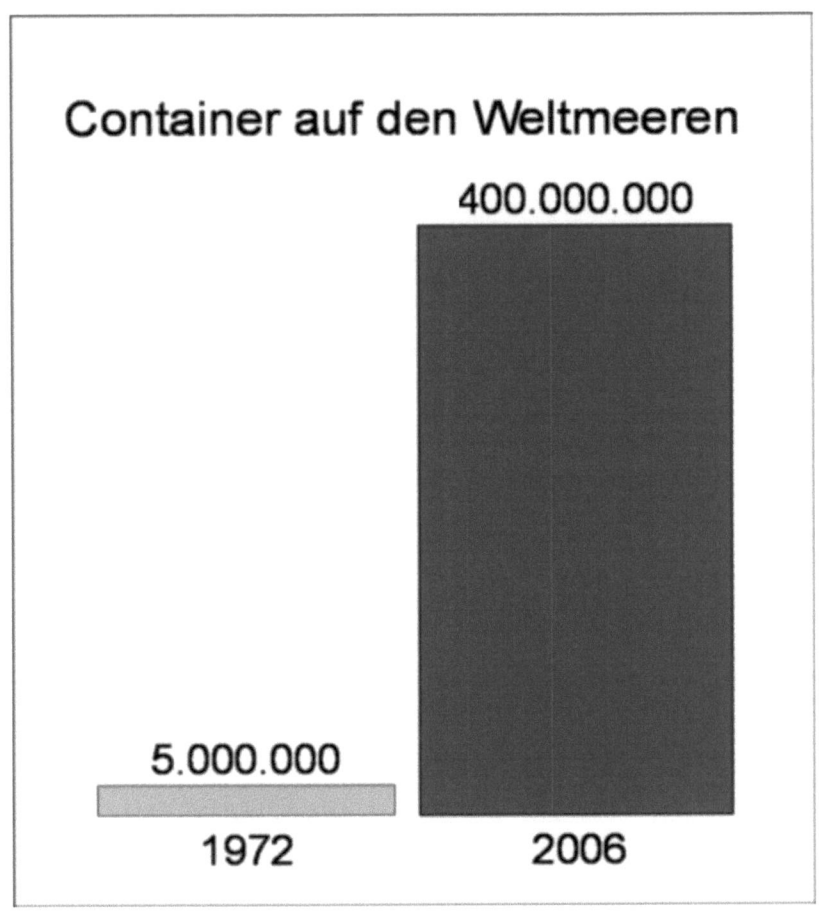

Container auf den Weltmeeren

400.000.000

5.000.000

1972   2006

Mittlerweile werden über 95% aller Waren auf diesem Wege transportiert. Unter Einsatz weniger Menschen und angemessener Treibstoffmengen können auf einem Container-Schiff bis zu 12.000 Stück in einer einzigen Ladung von einem Teil der Erde zum anderen verfrachtet werden.

So konnten über die Jahrzehnte der Weltaußenhandel 4mal und die Schifffahrt 2mal so schnell wachsen wie das Weltsozialprodukt an sich.

Lässt man die Dienstleistungen einmal aus der Rechnung heraus, gibt es etwas, das noch viel schneller gewachsen ist als Summe aller Waren (und fast so schnell, wie die Anzahl der Container):

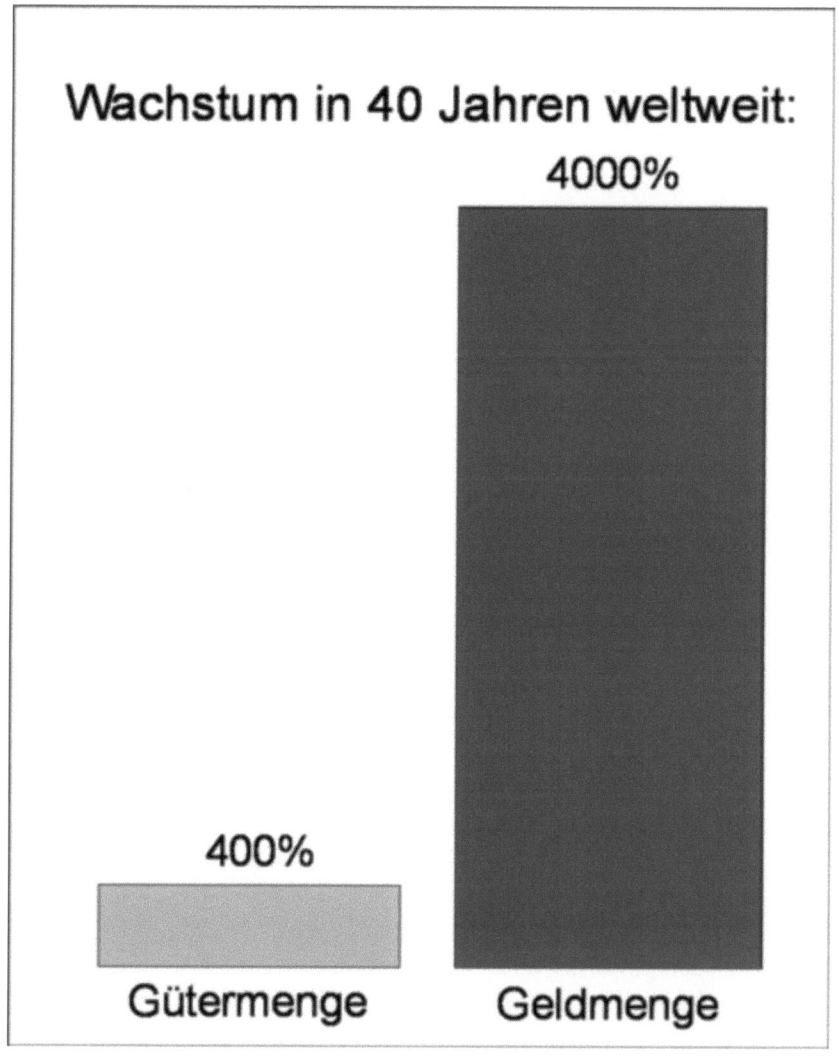

Selbst in den USA ist in diesem Zeitraum die Inflation nur um rund 600% gestiegen. Ein durchschnittliches Produkt wurde also 6-mal so teuer, doch die Geldmenge verzehnfachte sich. Wo blieb das restliche Geld? Vielleicht hier?

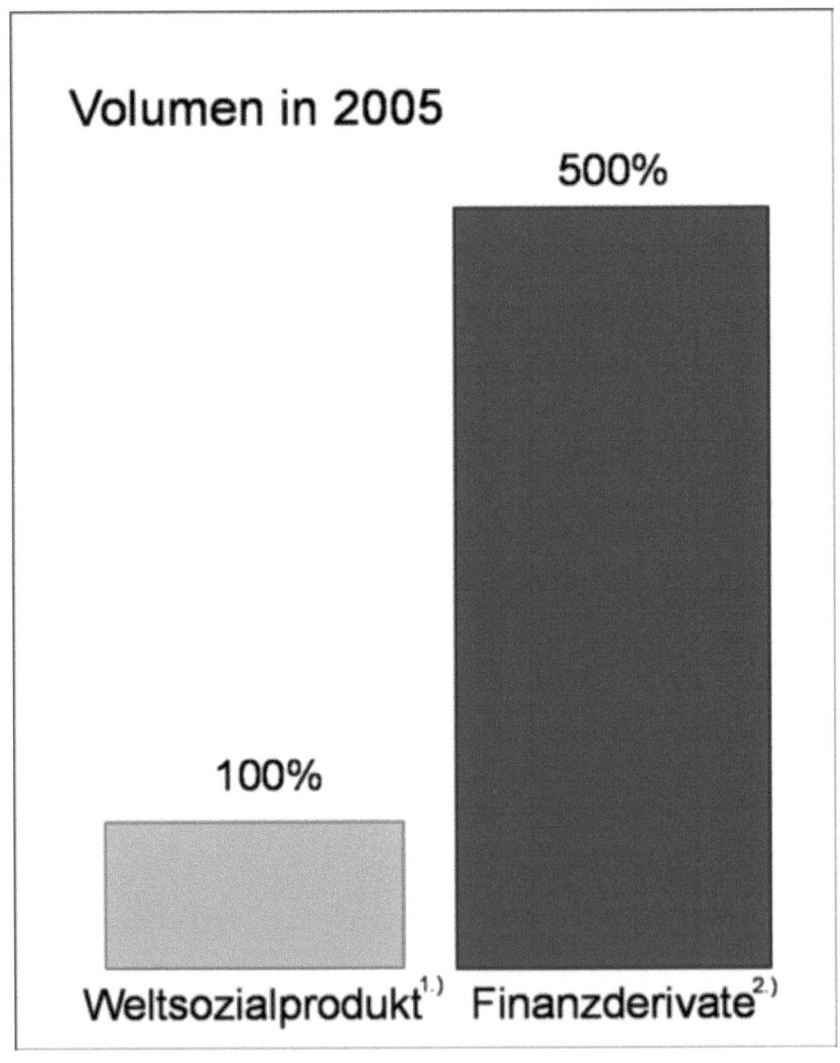

Um an diesem wichtigen Punkt nicht durcheinander zu kommen, sollte klar sein, dass die weltweite Geldmenge 40 Jahre gebraucht hat, um sich zu verzehnfachen. Die Summe aller Güter und Dienstleistungen (1) brauchte genauso lange um sich zu vervierfachen.

Der Handel mit Finanzderivaten (2) entwickelt erst seit 1986 immer extremere Ausmaße und scheint in letzter Zeit fast zu explodieren. Waren es zu Anfang Kursschwankungen von Aktien und Rohstoffen die es galt abzusichern, kamen später Wechselkurs- und Zinsänderungsrisiken dazu und schließlich Wetter- sowie Kreditrisiken. Solange ein Bauer seine möglichen Ernteausfälle durch schlechtes Wetter oder ein deutscher Sportwagenhersteller ungünstige Auslandsverkäufe ausgleichen möchte, ist die Finanzwelt noch in Ordnung, da ein realer Bezug besteht.

Problematisch wird es, wenn Privatleute aber auch zunehmend institutionelle Anleger zu Spielern werden. Denn Derivate sind letztlich nur finanzielle Absichtserklärungen. Diese ausschließlich deshalb zu kaufen oder verkaufen um einen möglichst schnellen und hohen Gewinn zu erzielen, ist das gleiche wie auf Schwarz oder Rot in der Spielbank zusetzen. Egal was kommt, auf Dauer gewinnt nur einer, die Bank. Sie behält von jeder Transaktion einen kleinen Teil zurück. Auf Seiten der Spieler erhält der Gewinner nur einen Großteil der Verluste des Verlierers ausgezahlt. So geht an den Börsen nie Geld wirklich verloren, sondern wird einfach nur anders verteilt. Mag der Gewinner es heiß, kann er seinen Gewinn stehen lassen und auf eine weitere Verdopplung hoffen. Geht es wieder gut, kann der Vorgang von vorne beginnen. Aus 1 mach 2, mach 4, 8, 16, 32, 64, 128, 256, 512, 1024 ... oder gar nichts!
Einem Hebel-Produkt entsprechend steigen mit den Chancen die finanziellen Risiken mit.

Jetzt fragen Sie vielleicht: Wer macht denn so etwas ernsthaft?

Antwort: Hedge-Fonds

So geschehen im Jahre 1998 bei Long Term Capital Management, bekannt unter der Abkürzung LTCM. Wie praktisch alle anderen Hedge-Fonds auch, musste LTCM weder einer Bankaufsicht, noch einer sonstigen staatlichen Behörde Rechenschaft ablegen. Die Zielsetzung war dabei ausdrücklich die Gewinnmaximierung für die Anleger. Dazu erlaubte man sich alles, was nicht direkt verboten war. Insgesamt wurden fast 4 Milliarden Dollar von erwartungsvollen Investoren eingesammelt und dienten somit als Eigenkapital für die folgenden Derivate-Geschäfte in Höhe etwa 1250 Milliarden! Das war zum damaligen Zeitpunkt ein durchaus nennenswerter Teil der gesamten Weltwirtschaft.

Worauf wurde denn nun von dem hochkarätigen LTCM-Management gewettet?

Auf eine Verringerung der globalen Zinsdifferenzen! Darauf muss man erstmal kommen. Na ja, es bedurfte dazu gleich zweier Nobelpreisträger im Team, um diesen genialen Ausbruch an Willkürlichkeit zustande zu bringen.
Leider war irgendwie der Teufel im Spiel, als dann im Spätsommer 98 Mütterchen Russland den Rubel bergab rollen ließ und beschloss, vorerst seine Schulden nicht mehr pünktlich zu bezahlen.
Die Zinsunterschiede zwischen scheinbar sicheren und unsicheren Staatsanleihen verschiedener Länder stiegen so schnell, dass LTCM seinen Zahlungsverpflichtungen kaum noch nachkommen konnte. Eine völlige Zahlungsunfähigkeit hätte eine negative Kettenreaktion im Weltfinanzgefüge ausgelöst, mit unabsehbaren Folgen.
Um dies zu verhindern, übernahm kurzer Hand die amerikanische Federal Reserve Bank die Führung des Fonds und brachte frische Milliarden ins Spiel. Trotzdem durften weltweit große Banken (wie z.B. die Dresdner Bank) ca. eine Milliarde Dollar in den Wind schreiben.

OK, kann ja mal passieren oder?

Wie sieht es denn nun fast zehn Jahre später aus?

Na gut sieht es aus! Die Hedge-Fonds sind fruchtbar und mehren sich. Bald hat ihre Anzahl die 10 000-Marke überschritten und niemand weiß mehr wirklich, was die da so alles treiben. Selbst die großen Regierungen kriegen langsam Bedenken. Deshalb wurde ja auch auf dem Weltwirtschaftsgipfel 2007 offiziell vor den Gefahren gewarnt, die von den Hedge-Fonds für die Weltwirtschaft ausgehen können.

Wie reagierten die Hedge-Fonds darauf?

Anstatt sich die Schelte auch unser allseits kompetenten Kanzlerin hinter die Ohren zu schreiben und zu Herzen zu nehmen, haben diese schon wieder ihren neuesten Sport entdeckt:

Aufkauf und Weitergabe von Kreditrisiken.

Etwas makaber ist sie schon, die Situation oder vielleicht liegt es auch einfach nur in der Natur des Menschen, zur richtigen Zeit auf das falsche Pferd zu setzen!

Als Alan Greenspan nach dem 11.September die Geld-Schleusen immer weiter öffnete, stabilisierte billiges Geld nicht nur den Dow Jones, die SUV-Verkäufe und den Derivate-Handel, sondern steigerte vor allem das Eigenheim-Kaufinteresse und trieb somit die Immobilien-Preise in immer erstaunlichere Höhen.

Die Gedankenlosigkeit vieler US-Konsumenten, sich Häuser zu zulegen, die sie sich eigentlich nicht leisten konnten wurde nur noch von der Fahrlässigkeit der Hypotheken-Banken übertroffen, weitere angenommene Marktpreissteigerungen als Ersatz für Sicherheiten zu bewerten. So entstand das, was allgemein als Immobilienblase bezeichnet wird, eine riesige Ansammlung fauler Kredit mit denen mittlerweile zu teure Häuser erworben wurden. Sinniger weise haben die meisten US-Häuslebauer für ihre Hypotheken keine zumindest mittelfristig festgeschriebenen Zinssätze vereinbart, sondern nur variabele.

Jetzt, wo die Leitzinssätze auch in Amerika wieder steigen, werden für die Betroffenen die monatlichen Raten schnell unbezahlbar.
Die erste Sterbe-Welle unter US-Hypotheken-Banken setzte 2006 ein. Die zweite folgte Mitte 2007.

Doch was soll's! Was geht uns das an?

Ungünstiger weise eine ganze Menge! Weitet sich diese Krise innerhalb der USA aus, könnte das dortige Verbraucher-Vertrauen und der damit einhergehende Konsum drastisch verringern und die Import-Nachfrage (der Motor der Weltkonjunktur) auch.
Sehr schlecht für Exportweltmeister!

Über die weltumspannenden finanziellen Verflechtungen sind jedoch schon im Augenblick deutsche Banken direkt vom Zusammenfallen der Immobilienblase betroffen. So musste deshalb beispielsweise die Deutsche Industriebank IKB eine heftige Gewinnwarnung heraus geben und die Dresdner Bank für 2007 einen Verlust von 80 Millionen einplanen, wobei das bei einem Gesamt-Engagement von insgesamt 1,2 Milliarden vielleicht nicht reichen wird.

Kurz darauf überschlugen sich die Meldungen: Die Refinanzierung des IKB-Hedge-Fonds „Rhineland Funding" war gefährdet.
Deutsche-Bank-Chef Jan Ackermann strich der IKB die Kreditlinie. Unter Mitwirkung von Bundesfinanzminister Peer Steinbrück übernahm die staatliche Kreditanstalt für Wiederaufbau (KfW) eine Bürgschaft von insgesamt 8,1 Milliarden Euro und gemeinsam mit den Sparkassen, Genossenschaftsbanken und Privat-Banken noch zusätzlich Verlustübernahmen von weiteren 3,5 Milliarden.
Die Investmentbank Goldman Sachs berichtete über Liquiditätsprobleme mehrerer europäischer Banken und schon stellte die Europäische Zentralbank am 09.08.2007 unverzüglich ganze 94,8 Milliarden Euro für die Institute bereit! Viele Fonds mussten vorübergehend schließen, darauf hin zogen andere Notenbanken nach und schossen Liquidität in den Geldmarkt, über 430 Milliarden!

Schade, für Bildung und Erziehung geht es bei uns nicht so schnell!

Es könnte hierbei inhaltlich entgegen gehalten werden, dass es in der Vergangenheit immer wieder einmal die eine oder andere Krise mit mehr oder weniger hohen Verlusten gegeben hat. Schließlich stabilisierte sich dann trotz aller wirtschaftlichen Ungleichgewichte die Lage irgendwie.

Für sich alleine betrachtet mag das durchaus einleuchtend erscheinen, aber wie sie gleich noch sehen werden, lauern sowohl offensichtlich, sowie versteckt andere Krisenherde.

Unstreitig hat jedenfalls die amerikanische Federal Reserve Bank im letzten Jahr die Veröffentlichung der Geldmenge M3 beendet.

Warum eigentlich?

Weil sich der Aufwand dazu nicht mehr lohnt?

Oder soll der immer schnellere M3-Anstieg vertuscht werden?

Warum veröffentlichte ab 1936 das Deutsche Reich weder Haushaltspläne noch Bilanzen der Staatsverschuldung?

Wozu denn auch offen und ehrlich haushalten, wenn doch die Gültigkeit und der scheinbare Wert einer Währung mit Waffengewalt gesichert werden kann?

Wie lange lässt sich eine zügellose Geldmengen-Aufblähung und ein voran schreitender Geldwertverlust rein militärisch stabilisieren?

Unter Hitler klappte es 12 Jahre und wie lange unter Bush?

Das III.Reich war verrückt, die Amerikaner sind egozentrisch, aber wie zuverlässig sind wir heutzutage?

Wie verlässlich sind die Staatsfinanzen der Bundesrepublik Deutschland?

23

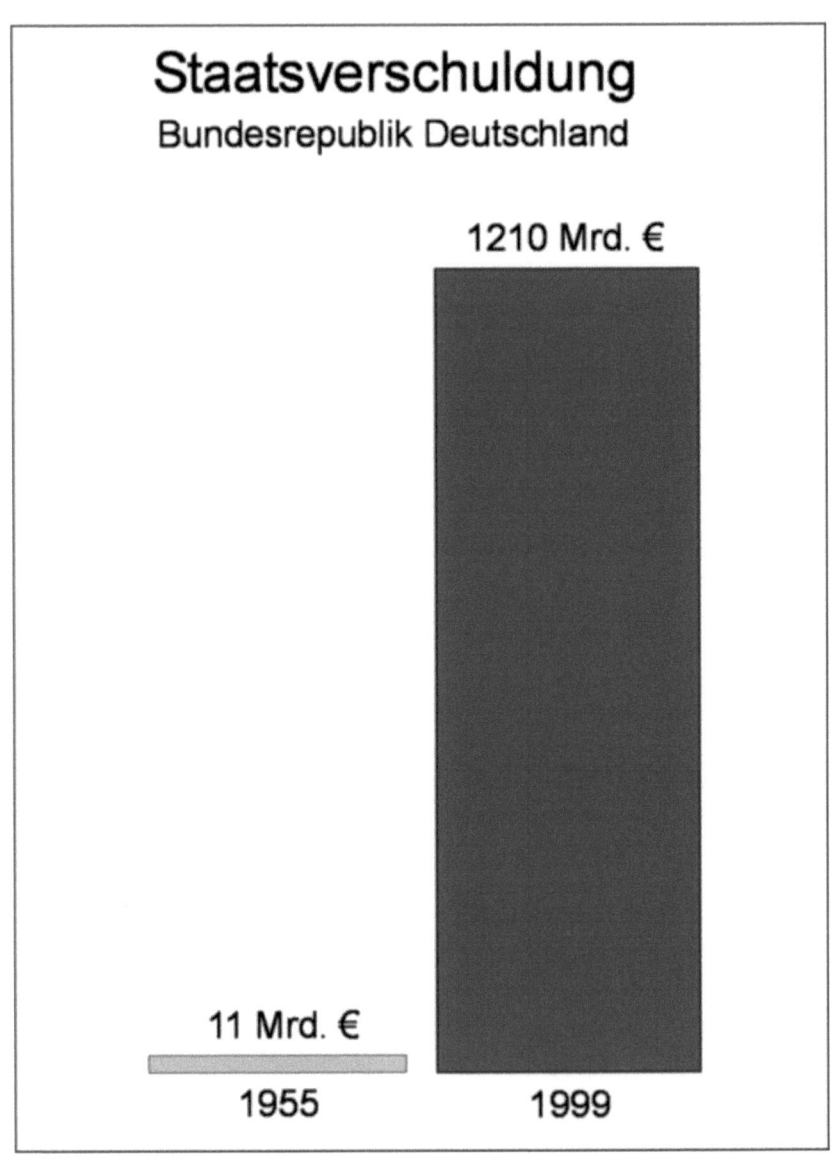

Zwischen 1955 und 1999 stieg die Verschuldung um das **110-fache**!

24

Anders ausgedrückt: Es war ein Anstieg von **11.000%**! Rein rechnerisch bedeutet das über einen Zeitraum von 44 Jahren einen durchschnittlichen jährlichen Zuwachs von 27,25 Milliarden Euro.

Warum tut das ein Staat seinen Bürgern an?

Anfänglich wurden Schulden gemacht, um Investitionen zu tätigen: Der Bau von Straßen, Kraftwerken, Kläranlagen, Krankenhäusern, Schulen und Universitäten.

Später sollten bei wirtschaftlichen Krisen Konjunkturprogramme für neuen Aufschwung sorgen. Trotzdem wuchs die Arbeitslosigkeit von mal zu mal. Die so genannte Sockel-Arbeitslosigkeit bildete sich. Einerseits als Anzeichen für die Grenzen staatlicher Wirtschaftsmanipulation und zunehmender Rationalisierung, andererseits als ein Ergebnis des langjährigen und spezialisierten Ausbildungssystems in Deutschland. Ein schneller Berufswechsel wie zum Beispiel in den USA ist hierzulande weder zeitlich möglich, noch seitens der Wirtschaftsunternehmen erwünscht. Auch teure Umschulungen halfen meist nicht weiter, wenn die Beschäftigungslosigkeit nur einen neuen Namen bekam.

An sich stellt der sehr hohe Schuldenstand für das deutsche Staatswesen keinerlei Problem dar, weil noch nie eine Mark oder später ein Euro zurück gezahlt wurde! Dadurch war es bei und nach der kostenintensiven Wiedervereinigung einfach zu verlockend, des Gleichen auch mit den Zinsen zu probieren. **Zinsen auf Kredit**.

Nichts des so trotz beschworen bundesdeutsche Finanzpolitiker öffentlich seit 1999 zunehmend die Absicht, die Neuverschuldung auf Null herunter zu fahren. (Der eigentliche Schuldenstand würde dann durch die leichte Inflation allmählich dezimiert.)

So schrieb sich der „eiserne Hans" Eichel auf die Fahne, dieses Ziel bis 2006 zu erreichen, denn die EU drohte mit Sanktionen. Und was geschah dann wirklich?

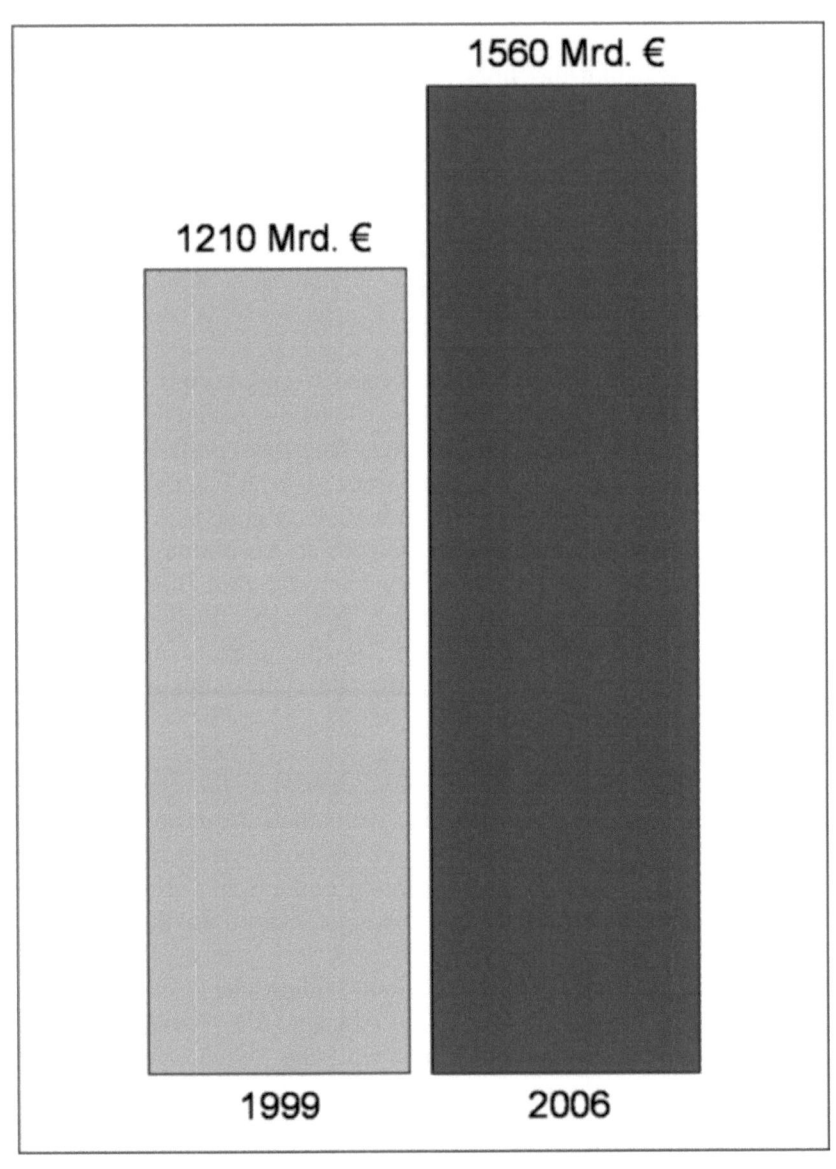

Statt Null plus 29% in sieben Jahren!

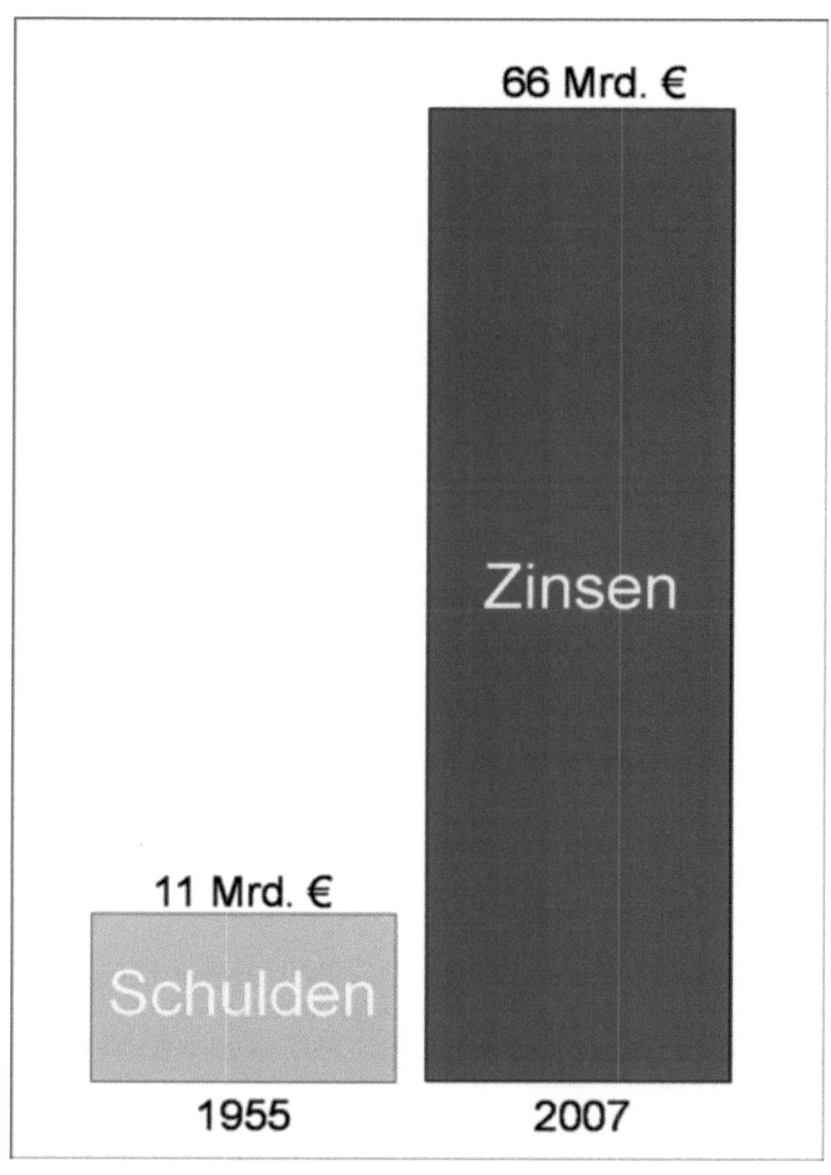

2007 müssen sechs mal so viele Zinsen gezahlt werden, wie es 1955 in Euro umgerechnet Staatsschulden gab!

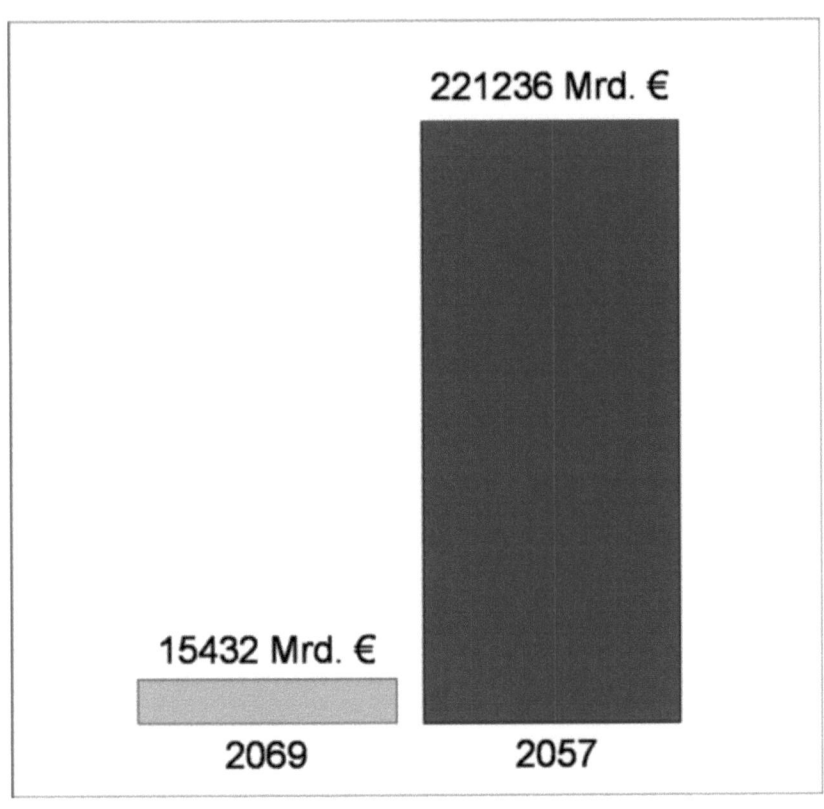

221236 Mrd. €

15432 Mrd. €

2069   2057

Rechnet man die Neuverschuldung zwischen 1999 und 2006 auf das Jahr 2069 hoch, erhält man 15.432 Milliarden Euro als Ergebnis. Zehnmal so viel wie heute.

Geht man jedoch davon aus, das die Bundesdeutsche Politik auch in Zukunft echten finanziellen Spielraum benötigt, ist die Hochrechnung der Daten zwischen 1955 und 2007 realistischer. Bis 2057 wären das weit über 200.000 Milliarden Euro.

Klar das dies nicht bezahlbar ist. Die ungeheure Zinslast würde den Staatshaushalt viel früher ruinieren. Dennoch erscheint 2057 weit entfernt. Gibt es näher liegende Probleme?

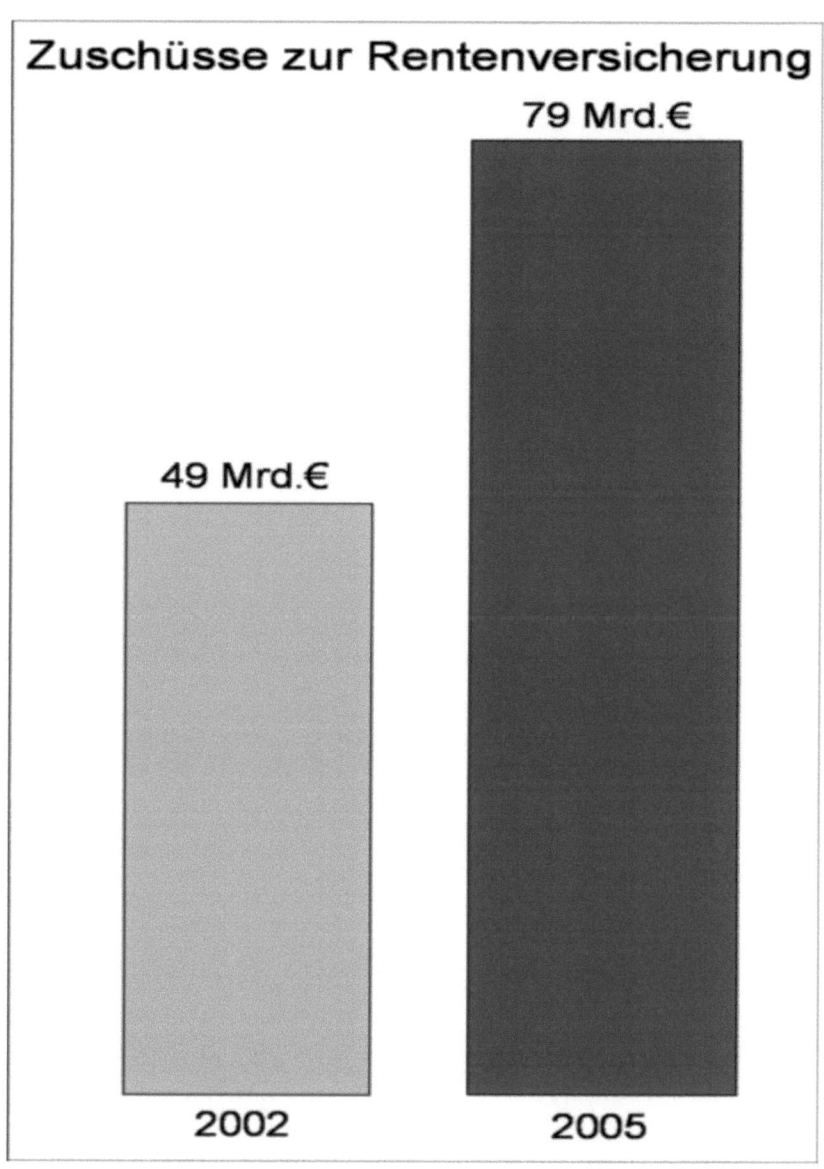

In nur drei Jahren stiegen die Zuschüsse zur Rentenversicherung aus Steuermitteln um **61%**!

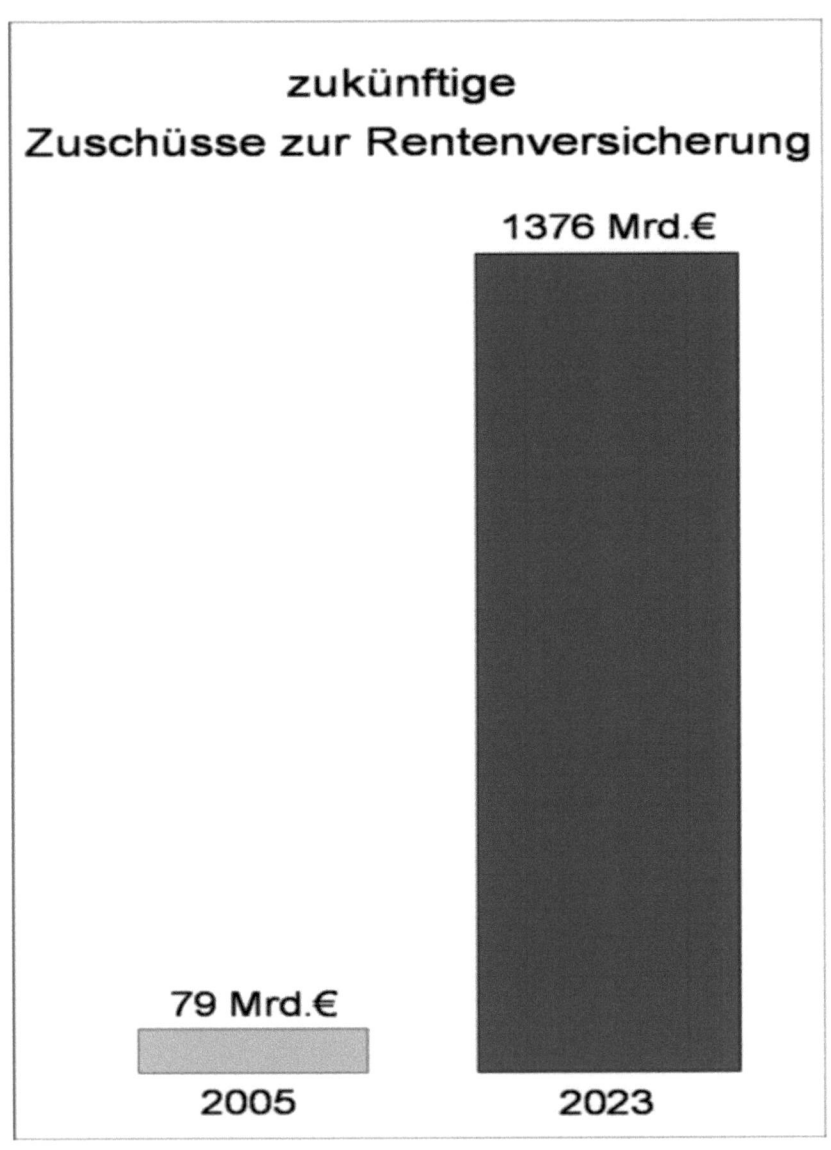

zukünftige
Zuschüsse zur Rentenversicherung

1376 Mrd.€

79 Mrd.€

2005   2023

Hoch gerechnet wären das bis zum Jahr 2023 immer hin mehr, als der heutige Staatshaushalt. Wie könnte dies möglich sein?

Die Antwort darauf ist für Sie vielleicht etwas unbefriedigend, aber dennoch ernst gemeint:

So wie bisher kann es auf Dauer nicht weitergehen! Selbst wenn die augenblickliche Situation noch über Monate, Jahre oder sogar ein weiteres Jahrzehnt aufrecht erhalten werden kann, ist der umfassende finanzielle Zusammenbruch unabwendbar. Es ist nicht die Frage ob, sondern nur wann!

Dabei ist es nicht notwendig, dass die Weltwirtschaft oder Teile davon vollständig zugrunde gehen. Ein Rückgang um ein Drittel reicht! Die Weltwirtschaftskrise von 1929 hat dies in beeindruckender Art bewiesen.

Es ist genauso wenig notwendig, dass dieser Rückgang über Nacht erfolgt! Nach 1929 dauerte es Monate bis zum Massensterben der Banken, über drei Jahre bis zu den Tiefstkursen an der Wallstreet und vier Jahre bis zum vorübergehenden Niedergang der Demokratie in Deutschland.

Es ist vollkommen unwichtig, in welcher Reihenfolge die verschiedenen Märkte einknicken! Egal ob die USA, Euroland, China oder sonst wer beginnt, egal ob zuerst Produktmärkte übersättigt, Schuldenstaaten Zinszahlungen einstellen, Renten und Pensionen nicht mehr in vollem Umfang gezahlt werden können oder Arbeit sich wirklich nicht mehr lohnt, egal ob Dollar, Euro oder Yen zu wertlosem Papier werden, das dicke und böse Ende kommt!

Wie kann ich mir da so sicher sein?

Ganz einfach weil es in der Natur der Sache selbst liegt!

Ein Zinseszins-System muss langfristig versagen!

Hätte jemand vor 2000 Jahren den Gegenwert eines einzigen Eurocents zu marktüblichen Zinssätzen angelegt, entspräche das heute dem Gesamtgewicht unzähliger Erdmassen aus Gold!

Kennen Sie die Geschichte mit dem Reiskorn und dem Schachbrett?

Können Sie mit einem einzelnen Korn beginnend die 64 Felder des Brettes mit jeweils doppelt so vielen versehen?

Kein Problem? Auf das erste Feld eins, auf das zweite zwei, auf das dritte vier, auf das vierte acht und so weiter...bis auf dem 64.Feld **9223372036854780000** Körner liegen, naja... damit könnte man die gesamte Erdoberfläche bedecken, und zwar reichlich!

Zurück zum Zins-Problem:

Bei Zinsen in Höhe von 5% verdoppelt sich angelegtes Geld innerhalb von weniger als 15 Jahren, bei 7% in gut 10 Jahren und selbst bei ungefähr 3,5% in rund 20 Jahren.
Über einen Zeitraum von 2000 Jahren betrachtet, würde sich ein Geldstück einhundert bis zweihundert mal verdoppelt haben. Würden Münzen so oft übereinander gelegt, hätten sie längst unser Sonnensystem verlassen!

Genauso wenig wie Bäume in den Himmel wachsen, tut dies Geld! (Außer vielleicht in der Vorstellung von Sparbuch-Besitzern!)

In der Realität der letzten beiden Jahrtausende kamen und (vor allen Dingen) gingen Währungen und Weltreiche immer wieder. Selbst das über 500-jährige Römische Reich konnte schließlich seine Zinslast nicht mehr bewältigen, obwohl (oder vielleicht gerade weil) es richtiges Geld aus Gold und Silber hatte!

Wie stellt sich das Zins-Problem heute dar?

Erst Hypotheken-Krise, Kreditkrise, Bankenkrise, Währungskrise und schließlich Staatsbankrott?

Es könnte so sein oder aber auch anders verlaufen, bis zum letztendlichen Staatsbankrott.

Die Zinsen im alten Rom mussten noch in realen Edelmetallen beglichen werden, sehr problematisch wenn Minen-Förderungen nicht mehr ausreichten und neue Eroberungen von zu plündernden Königreichen ausblieben.

Heute können Zinsen mit Krediten bezahlt werden, die aus nahezu kostenlos (nach)produzierbarem Buchungs- oder Papiergeld entstehen. Damit lässt sich der Wachstumsprozess des Zinseszins länger aufrecht erhalten. Solange bis eine allgemeine Vertrauenskrise einsetzt und „der kleine Mann auf der Straße" sein Geld vom Bankkonto abheben möchte, auf dem es sich vermeintlich befindet.

Je nachdem in welchem Land sich die betreffende Bank befindet, sind jedoch nur 10% bis 30% der gesamten Kundengelder vorrätig, der Rest ist investiert oder als Kredit ausgezahlt worden. Real besitzen mindestens zwei von drei Bankkunden überhaupt kein Geld, wenn es darauf ankommt!

Die Kunden vertrauen einer Bank ihr Geld in erster Linie deshalb an, weil diese ihnen dafür noch mehr verspricht. Doch dieser Zins muss ja irgendwie erwirtschaftet werden, sonst wäre die Bank schnell pleite. Angenommen dem Kunden wurde ein Zinssatz von 7% innerhalb eines Jahres zugesagt, so muss die Bank um liquide zu bleiben einen kleineren Teil der Anlagesumme beispielsweise bei anderen (und größeren) Banken als Tagesgeld anlegen, der Haupt-Anteil könnte dann für z.B. 12% Verzinsung als Kredit(e) heraus gegeben werden. Die Zinsdifferenz stellt den möglichen Profit der Bank dar, das Kreditrisiko kann versichert werden. Soweit, so gut.

Wo taucht nun dabei ein Problem auf?

Der Kunde ist ein arabisches Öl-Scheichtum und legte vor 40 Jahren 200 Milliarden Dollar an und hob bisher nichts vom Konto ab. Nun sind daraus 3200 Milliarden geworden, mehr als das Doppelte des Jahreshaushaltes der Bundesrepublik Deutschland. Die Zinsen für 2007 betragen nun 224 Milliarden Dollar und der Kunde hebt es immer noch nicht ab. Das Bankinstitut muss nun eine jährlich steigende Geldmenge gewinnbringend investieren oder als Kredite weiterreichen. Doch sinnvolle Investitionen und sichere Kreditvergabe-Möglichkeiten sind begrenzt. Auch andere müssen die Guthaben ihrer Kunden vermehren. So werden auf der einen Seite neue Investitionsmöglichkeiten geschaffen (z.B. Hedge-Fonds) und auf der anderen Seite wird Geld immer großzügiger verliehen. Für die Anschaffung von riskanten Aktien, Immobilien ohne Sicherheiten, einfach nur ungezügeltem Privatkonsum oder den größten Rüstungsauftrag aller Zeiten in Form von 3400 senkrecht startenden Tarnkappen-Kampfflugzeugen für die US-Armee.

Die Kreditinstitute (und vor allem die der USA) sind in eine Zwick-Mühlen-Situation geraten. Die gigantischen Anlage-Summen sind nach kaufmännischen Kriterien kaum noch anzulegen, ohne die Stabilität des gesamten Finanzsystems zu gefährden. So werden über die Jahre immer gewaltigere Spekulationsblasen finanziert, deren platzen bisher durch das Eingreifen der Notenbanken ausgeglichen werden konnte. Mit dem Wachstumsprozess der Anlage-Gelder wachsen auch die Blasen. Ist die letzte überstanden, entsteht durch den Investitions- und Kreditvergabe-Zwang der Banken der nächste und umfassendere Krisenherd praktisch automatisch.

Entscheiden Sie selbst, an welchem Glied die Wirtschaftskette reißt:

Investitionen, Banken, Sozialversicherungen oder Staatsfinanzen?

Wie auch immer Ihre Antwort ausfällt, eines ist sicher, mit der nächsten Weltwirtschaftskrise steuert nicht nur unsere Nation in den Staatsbankrott!

Genauso sicher wie den Bankrott wird es zweierlei geben:

Die Gewinner und die Verlierer!

Wozu werden Sie gehören?

Wer gewinnt, wer verliert?

Die schlechte Nachricht zuerst:

Die meisten Menschen werden auch in unserem Land zu den Verlierern gehören. Voran die Besitzer von Sparbüchern, Kapitallebensversicherungen, Rentenpapieren und anderen scheinbar sicheren Geldwertanlagen. Da der Euro (genauso wie der US-Dollar) keinen realen inneren Wert besitzt, wären im Falle einer Hyperinflation praktisch alle Anlageformen wertlos.

Wer in Deutschland beim Ausbruch des 1.Weltkrieges im Jahre 1914 Bargeld-Millionär war (und das bedeutete damals sehr viel mehr als heute), konnte am 20.November 1923 über eine vergleichbare Kaufkraft von einer Millionstel-Mark verfügen und sich dafür nichts mehr kaufen!

Doch hier das Gute daran:

Die vom Deutschen Reich zwischen 1914 und 1918 angehäuften Kriegskosten in Höhe von 164 Milliarden Mark und die zusätzlich von den Siegermächten aufgebürdeten 331 Milliarden Mark konnten schließlich mit 49.5 Pfennigen beglichen werden!

Somit gab es vor 84 Jahren Millionen absolute Verlierer und einen einzigen absoluten Gewinner, den Staat, der sich mit der Vernichtung des Volksvermögens saniert hatte. Nun fällt aus staatlicher Sicht eine Hyperinflation nicht aus heiterem Himmel. Sie muss über das regelmäßige Drucken immer höherer Geldnoten geschürt werden.

Nach dem 2.Weltkrieg gab es dann eine ähnliches, doch viel schnelleres Verfahren: Den Währungsschnitt mit Einführung der DM. Ein Erfolgsmodell, das auch für das Ende des Euros Pate stehen könnte. So könnte es dann z.B. für 10 alte Euro eine Grundeinheit der neuen Währung geben. Der Name spielt eigentlich keine Rolle.

Ob nun SM (Schlusen-Mark), ED (Euro-Dollar) oder LY (Langnasen-Yen) ist ziemlich bedeutungslos. Diese Bezeichnungen können Sie getrost als bösen Scherz ansehen, denn mit dem Fall des Euro endet wahrscheinlich auch die Europäische Union.

Da die DM in der Bundesrepublik Deutschland immer noch gültiges Zahlungsmittel ist, müsste nur der Zwangsumtauschkurs zum Euro abgeschafft werden. Außerdem könnte so in die deutsche Politik etwas einziehen, das es seit über 100 Jahren nicht mehr gibt: Ehrlichkeit!

Ursprünglich wurden rund zwei DM in einen € getauscht und umgekehrt gibt es später für zehn € wieder eine DM. Dadurch würde die Bundesregierung nicht nur den Schuldenstand beseitigen, sondern sich auch den dauerhaften und wohlverdienten Groll der Bürger sichern.

Zweifel an den Fähigkeiten irgendeines Staates eine komplexe Krisensituation meistern zu können sind angebracht, denn die Menschen, auf die sich die (meist ahnungslosen) Entscheidungsträger verlassen, werden zwar als „Experten" bezeichnet, entsprechen jedoch eher dem Bild eines „Fachidioten". Die schädigende Wirksamkeit von Fachidiotie wurde in den Simulations-Experimenten des deutschen Psychologen Dietrich Dörner belegt. Einem fiktiven Entwicklungshilfe-Ziel namens „Tanaland" sollte über einen Simulationszeitraum von 100 Jahren zu höherer Lebensqualität verholfen werden.

Das erschütternde Ergebnis war dabei, dass in Unkenntnis der zeitverzögerten Wechselwirkungen in kybernetischen Systemen Lebensgrundlagen zerstört, Überbevölkerung herbei geführt und auch andere katastrophale Entwicklungen hervor gerufen wurden, obwohl doch alle nur das Gute wollten.

Dies macht verständlich, warum die Regierungen 1929 die Weltwirtschaftskrise noch verschlimmerten, anstatt sie abzuschwächen. Warum sollte das bei der kommenden Krise anders sein?

Es gibt wenig Grund anzunehmen, dass es demnächst nicht zu einer umfassenden Vernichtung von Volksvermögen und einem damit zusammenhängenden Staatsbankrott auch in Deutschland kommen wird, so wie nun schon zweimal im letzten Jahrhundert.

Doch wie schaffen es die dauerhaft einflussreichen Familien von Generation zu Generation und von Krise zu Krise immer reicher zu werden?

Das Investitionsrezept hierzu ist einfach wie wirkungsvoll:

Ein Drittel Papierwerte/Beteiligungen, ein Drittel Immobilien und ein Drittel Edelmetalle/Edelsteine.

In normalen und guten Zeiten entwickelte sich der Wert von Geld(-anlagen), Unternehmensbeteiligungen und Immobilien erfreulich positiv. Kehrte sich diese Vermögensvermehrung in extrem schlechten Zeiten ins Gegenteil um, explodierte die Werthaltigkeit von Gold, Silber und Diamanten bisher um das 30-fache.

In einfachen Worten: Die richtig Reichen verzehnfachen ihr Vermögen mit jedem Währungszusammenbruch!

Wie sieht das bei Ihnen aus?

Sind Sie wirkungsvoll vorbereitet?

Was ist zu tun?

Wo sollte Ihr Investitionsschwerpunkt liegen?

Wie viel Geld benötigen Sie, um zu den Gewinnern zu gehören?

Können Sie sich das leisten?

Wenn Sie es sich leisten könnten, sind Sie dazu auch bereit?

Der Weg besteht darin, das zu bewahren, was Du bereits hast, und nicht darin, das zu suchen was Dir fehlt.

Wenn Du suchst, was Du nicht bekamst, dann verlierst Du vielleicht alles.

Wenn Du Dich mit dem begnügst, was Du besitzt, wird auch kommen was Du Dir wünschst ...

Wenn die richtige Zeit erst noch kommen muss, dann kannst Du nicht hingehen und sie einfach herbei holen. Wenn die passende Zeit vorüber ist, kannst Du sie weder aufhalten noch zurück holen ...

Weise Menschen passen sich dem Zeiten-Wandel an und ergreifen entsprechende Maßnahmen, sobald die Dinge erkennbare Formen annehmen.

Ändert sich das Zeitalter, so ändert sich auch, was von Bedeutung ist.

(Laotse)

Sachwerte als Krisenabsicherung?

Welche Sachen sind von Wert, wenn es darum geht in der Krise Vermögen zu bilden?

Die Weltwirtschaftskrise von 1929 zeigte, dass sich die Bewertung von Aktien sich genauso nach unten bewegte, wie sie vor anstieg.

Kreditfinanzierte Aktienkäufe blähten den Dow Jones Index im euphorischen Höchststand der Spekulationsblase am 3.September bis auf 381 Punkte. Innerhalb von sechs Wochen verlor der Dow Jones 15% seines Wertes. Banken wie auch Investmentfirmen versuchten ihn dann mit Käufen zu stützen. Vergebens, da nun sehr vielen Kleinanlegern klar wurde, dass sie auf so niedrigem Kursniveau ihre Kredite aus Aktienverkäufen alleine nicht mehr zurückzahlen konnten. So machten sich an der New York Stock Exchange Angst und Hektik breit. Am 24.Oktober ab 11 Uhr brach plötzlich Panik aus und viele Börsenhändler wurden angewiesen zu jedem Preis zu verkaufen. Die Kurse gingen in einen Sturzflug über, der nur durch weitere Stützungskäufe zum Handelsschluss bei 299 Punkten vorübergehend stabilisiert werden konnte. Am darauf folgenden Montag brach der Markt vollends zusammen, da die Banken von ihren verschuldeten Kunden verlangten, die als Sicherheit hinterlegten Wertpapiere abzustoßen. Der Dow Jones fiel auf 260 Punkte, das heißt vom Höchststand 381 aus gerechnet um rund 31,8%.
Damit war der Anfang einer lang anhaltenden Weltwirtschaftskrise gelegt, deren Tiefstkurs beim Dow Jones erst Mitte 1932 bei 41 Punkten oder einem Rückgang von 89% erreicht wurde. Makaberer weise begann die Veröffentlichung des Dow Jones Index im Frühling 1896 mit dem gleichen Wert von 41 Punkten. Es brauchte demnach 33 Jahre bis zum Höchststand, um dann in nur drei Jahren zum Ursprungswert zurückzukehren.

War der Anstieg mit etwa 900% nicht auch extrem überbewertet?

Das könnte heutzutage sicherlich nicht mehr geschehen, oder?

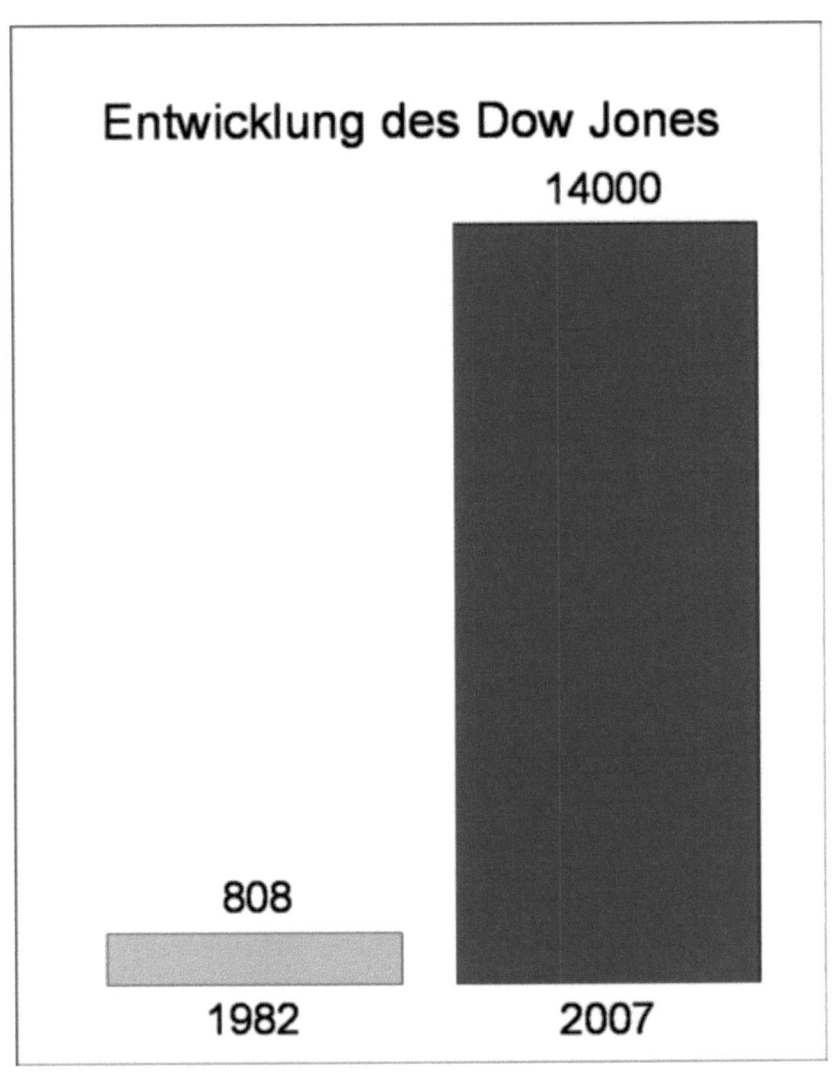

Entwicklung des Dow Jones

14000

808

1982

2007

Von 1982 bis zum Höchststand 2007 explodierte der Dow Jones um 1633% in nur 25 Jahren! Im Datenvergleich mit der Phase vor und nach 1929 erscheint ein baldiger Kursabsturz als äußerst wahrscheinlich. Befindet sich der Dow Jones einmal im freien Fall, zieht er alle anderen Börsen mit sich. Somit scheiden normale Aktien als Krisenabsicherung aus.

Wie geeignet sind Immobilien-Investitionen, um sich gegen die kommende Krise abzusichern?

Insgesamt betrachtet, beläuft sich der Anlagewert aller Immobilien auf etwa das Doppelte der weltweit gehandelten Aktien. Hierdurch sind Entwicklungen an den Immobilienmärkten bedeutsamer als die der Weltbörsen, wenn auch die Vermögensvernichtung zum Beispiel bei einem selbst bewohnten Eigenheim relativ unsichtbar erfolgt. Erst wenn aufgrund allgemeiner wirtschaftlicher Not ein Verkauf ansteht, schlägt die Stunde der Wahrheit.

Geht man vom Verhältnis der Hauspreise zum jährlichen Durchschnittseinkommen aus, sind die Marktpreise in den USA zum 30-jährigem Mittelwert der Gehälter noch relativ moderat. Diese Relation liegt in Australien um die Hälfte höher, in England, Holland und Irland auf dem doppelten Niveau und in Spanien fast dreimal so hoch.

Wenn heute von der US-Hypotheken-Krise gesprochen wird, so zeichnete sich für Fachleute schon vor Jahren eine globale Kernschmelze der Immobilienmärkte ab. Die Schwierigkeiten in den USA seit 2006 gründen in erster Linie nicht in überbewerteten Preisen, sondern entspringen der Zahlungsunfähigkeit von Hausbesitzern und Investoren. Das wirklich dicke Ende kommt auch bei den Immobilien weltweit erst noch.

1929 fielen die Immobilien-Preise schon vor dem „Schwarzen Freitag" und betrugen später nur noch ein Zehntel dessen, was für die betreffenden Immobilien 1925 bezahlt worden wäre.

Wie dem auch sei, wer sein Vermögen vor einem möglichen Staatsbankrott schützen möchte, tut dies besser nicht mit Immobilien!

Wenn Aktien und Immobilien so dermaßen an Wert verlieren können, ist es dann nicht besser, sein Geld als solches zu behalten?

1929 wäre es besser gewesen, aber nicht mehr heute. Warum?

Damals hatte die Dollarnoten einen realen Bezug. Sie konnten jederzeit in Gold umgetauscht werden. Dieser Umstand brach so mancher US-amerikanischen Bank während der Weltwirtschaftskrise das wirtschaftliche Genick. In unsicheren Zeiten vertrauen Menschen halt lieber dauerhaftem Edelmetall als bunt bedrucktem Papier.

Die uns allen bevorstehende globale Krise wird deshalb mit Sicherheit schlimmer. Es besteht nicht nur die Gefahr, sondern eher die Garantie, dass das moderne Papiergeld zu seiner wahren inneren Wertlosigkeit zurückkehrt, im Zweifel über Nacht.

Es war gar nicht so einfach diesen das Volksvermögen bedrohenden Zustand zu erschaffen. Seit Jahrtausenden benutzen (von einigen Ausnahmen abgesehen) die Menschen als Tauschmittel Gold- und Silbermünzen: Vom römischen Silber-Denar bis hin zur englischen Goldguinee war die Menschheitsgeschichte durchzogen und bestimmt vom Drang, diese edlen Metale zu besitzen.

Auch die Gründerväter der amerikanischen Verfassung sahen als einzig zulässiges Geld jenes an, welches einen nennenswerten Anteil an Gold oder Silber enthielt. Aus praktischen Überlegungen zur Transportsicherheit entstand die Idee, bei einer Bank Edelmetall-Münzen zu hinterlegen, um dann am Zielort gegen Vorlage einer entsprechend angefertigten Banknote zurück zu tauschen. Niemand hätte im wilden Westen freiwillig Geld aus Papier ohne Umtauschrecht akzeptiert.

Aufgrund der positiven Erfahrungen vieler Jahrhunderte wurden praktisch in allen wichtigen Wirtschaftsnationen bis 1914 Goldumlaufwährungen genutzt. Nur so war der erste globalisierte Welthandel ab 1870 möglich.

Banken und Versicherungen spielten im Vergleich zu heute kaum eine Rolle, dominierend war die Schwerindustrie. Doch das sollte sich ziemlich bald ändern. 1913 wurde die US-amerikanische Federal Reserve Bank (FED) gegründet und schließlich brach im Jahre 1914 der 1.Weltkrieg aus.

Die FED wurde von den Rockefellern und Rothschilds in Zusammenarbeit mit einer Reihe von Privatbanken geschaffen. Sie ist eine private Zentralbank, keine staatliche! Im Widerspruch zur amerikanischen Verfassung bringt sie seither die gesetzlichen Zahlungsmittel der USA in Umlauf. Was sollte das Ganze?

Im Zusammenhang mit Reichtum kann zu viel niemals genug sein und was könnte da besser sein, als eine legale Lizenz zum Gelddrucken! Allenfalls die Bindung an Edelmetalle störte die ungezügelte Herausgabe selbst gemachten Geldes.

Passender weise kam im Jahr nach der Gründung der Ausbruch des 1.Weltkrieges zu Hilfe. Schon nach wenigen Monaten wurde das Gemetzel so teuer, dass die verfeindeten europäischen Staaten sich kaum eine Währung mit Goldstandard mehr leisten konnten.
Was war für die FED also einfacher, als erst darauf zu drängen, dass das besiegte Deutschland Reparation in Form von Gold leistete und anschließend den europäischen Sieger-Staaten ihre Goldreserven in großem Stil mit selbst bedrucktem Papier abzukaufen.

Böse Zungen behaupten, die FED habe somit die Weltwirtschaftskrise von 1929 mit ausgelöst. Da jedoch in der Folge die US-Bevölkerung in immer größerem Umfang Dollars gegen Gold eintauschen wollte, wurde am 1.Mai 1933 in den USA der Privatbesitz von Gold mit einer Freiheitsstrafe von bis zu zehn Jahren belegt! Die Grundsätze der amerikanischen Verfassung waren in ihr Gegenteil verkehrt worden.

Im Laufe des 2.Weltkrieges ließen sich die USA die Rüstungslieferungen an die Verbündeten mit Gold bezahlen und wieder wurden am Ende deutsche Goldreserven amerikanische Kriegsbeute.

Im Rahmen des Bretton Woods Abkommens wurde für die Nachkriegszeit ein neuer und indirekter globaler Goldstandard festgesetzt. Der Dollar war nun die Leitwährung der Welt und andere Staaten verpflichteten sich, ihn als Währungsreserve in einem bestimmten Anteil zu ihrem eigenen Geld zu halten.

Durch die so genannte Staatshaftung waren die USA den fremden Staatsbanken gegenüber verpflichtet, das amerikanische Papiergeld auf Verlangen in Gold zu tauschen. Wozu benötigten die anderen Nationen eigene Goldreserven, wenn doch die FED diese Aufgabe so viel eleganter lösen konnte? Der Preis wurde auf 35 US-Dollar für eine Unze Gold festgesetzt und bis 1971 beibehalten.

Der Internationale Währungsfond IWF machte die Goldreserven-Verlagerung perfekt: In den Statuten des IWF ist es ausdrücklich verboten, eine Währung an Gold zu binden! 1992 trat als eines der letzten bedeutenden Länder die Schweiz dem IWF bei, verkaufte seither über die Hälfte seiner Goldreserven und gab damit die Golddeckung des Schweizer Franken auf.

Bereits 21 Jahre zuvor kündigte der damalige Präsident der USA (Nixon) die Gold-Einlösungspflicht seines Landes. Dadurch wurde die Preisbindung des Goldes 1971 aufgehoben, sodass der Goldkurs knapp zehn Jahre später seinen vorläufigen Höhepunkt erreichte. Die Menschen begannen dem Wert des Papiergeldes so sehr zu misstrauen, dass in Januar 1980 die Feinunze Gold 850 US-Dollar kostete. Die FED befürchtete die Instabilität des Papiergeld-Systems und musste Gegenmaßnahmen ergreifen. Einerseits wurden befreundete Staatsbanken wie die von England gebeten Gold aus den Reserven zu verkaufen, andererseits wurde Gold für nur 1% seines Wertes im großem Stil an Bullionbanken verliehen, die im Jahre 2001 über Leerverkäufe den offiziellen Kurs bis auf unter 300 Dollar drücken konnten. Der Öffentlichkeit wird somit eine scheinbare Stabilität des Dollars vorgegaukelt und außerdem die Werthaltigkeit von Edelmetallen in Frage gestellt. Trotzdem hat sich der Goldkurs in der letzten Zeit wieder mehr als verdoppelt. Doch was soll es, mittlerweile hat die FED nach Aussagen ihres ehemaligen Pressesprechers Peter Bakstansky in ihrem Keller den größten Goldschatz der Erde angesammelt. Über 8700.000 kg Währungs-goldreserven von fast 60 Nationen. Spitzenreiter ist dabei die Bundesrepublik Deutschland, die nur 2% des Reserve-Goldes auf eigenem Territorium lagert!

Ein weiterer Erfolg der FED ist die Verbreitung der ungesicherten Dollarmenge im Weltwirtschaftskreislauf. Beinahe 80% allen global im Umlauf befindlichen Geldes stammen aus der zentralen US-Privatbank!

Sollte die gigantische Dollarblase platzen, langern auf dem Staatsgebiet der USA insgesamt über 16.000 Tonnen Goldreserven. Zur einen Hälfte eigene, zur anderen Hälfte ausländische. Zu der letzteren bleibt zu fragen, welches Land im Ernstfall eine Herausgabe durchsetzen könnte? Bundesdeutsche Politiker wagen derzeit schon nicht einmal auch nur nach zu schauen, ob das angeblich zahlreich eingelagerte deutsche Gold überhaupt noch da ist, oder längst heimlich verkauft wurde. Gut gemacht FED!

Doch wie sieht sie nun aus, die beste Lösung um Ihr persönliches Vermögen über den großen Crash zu retten und bei einem Staatsbankrott sogar noch zu vermehren?

Wie lautet mein Rat an Sie? ... Kaufen Sie sich schnell etwas Gold ... Nein, so einfach ist das nicht, denn auch Gold hat mehrere Probleme.

Das erste besteht darin, das seit Jahrtausenden Gold gehortet wird. Von den während der Menschheitsgeschichte über 150.000 Tonnen geförderten Goldes ist fast noch alles vorhanden! Ca. 97.000 Tonnen wurden zu Schmuck oder Kunstgegenständen verarbeitet und ungefähr 25.000 Tonnen sind als Barren oder Münzen in Privatbesitz. Das ist zusammen rund vierzig mal soviel, wie die Reserven des Internationalen Währungsfonds betragen!

Das zweite Problem besteht darin, dass dieses Edelmetall zwar allgemein heiß begehrt ist, dennoch industriell kaum benötigt wird. Weniger als 5% der jährlichen Goldförderung werden von der Welt-industrie verbraucht.

Und drittens, gerade wegen dieses geringen Verbrauches ist ein staatliches Besitzverbot so leicht durchzusetzen, denn Industrie-produktionsausfällen sind kaum zu befürchten.

Es gibt jedoch ein anderes, wenn auch weniger edles Metall, welches aus modernen Herstellungsprozessen kaum noch wegzudenken ist:

Silber!

Ob in Solarzellen oder neuen medizinischen Verfahren, es ist unersetzlich. Deshalb werden 95% der jährlichen Silberförderung verbraucht, eine Rückgewinnung ist in der Regel nicht möglich. Trotz der im Vergleich zu Gold 700% höheren Fördermenge besitzen die Menschen momentan zehn mal mehr Gold als Silber!

Außerdem ist ein staatliches Silberverbot aufgrund der extrem hohen industriellen Bedeutung sehr unwahrscheinlich. Doch wirklich interessant ist Silber als Anlageform noch aus zwei anderen Gründen:

>> Die weltweiten Lägerstätten reichen nur noch 20 Jahre!

>> Die Staatsreserven erschöpfen sich bis voraussichtlich 2009!

Obwohl nach Angaben der amerikanischen Statistik-Behörde US Geological Survey (USGS) die Vorräte an Silber noch bis 2026 reichen, übersteigt schon heute die industrielle Nachfrage das Angebot. Eigentlich müsste deshalb der Preis dramatisch steigen, doch durch gezielte Verkäufe aus den Reserven der Staatsbanken wird auch der Silberkurs künstlich gedrückt, jedoch nicht mehr lange. So sind zum Beispiel die Lagerbestände der US-Regierung in den letzten 50 Jahren um 99,6% zurückgegangen! Mit anderen Worten: Sie haben fast nichts mehr, was sie auf den Markt werfen können!

Doch viel interessanter als die staatlichen Manipulationsversuche ist die Frage, was die Großinvestoren tun?

Warren Buffet, Bill Gates und viele andere der reichsten Männer dieser Welt bauen seit längerer Zeit große Silberpositionen auf! Da der Silbermarkt nun mal einer der engsten Handelsmärkte der Welt ist, bewegt sich der Kurs (unter Schwankungen) nach oben.

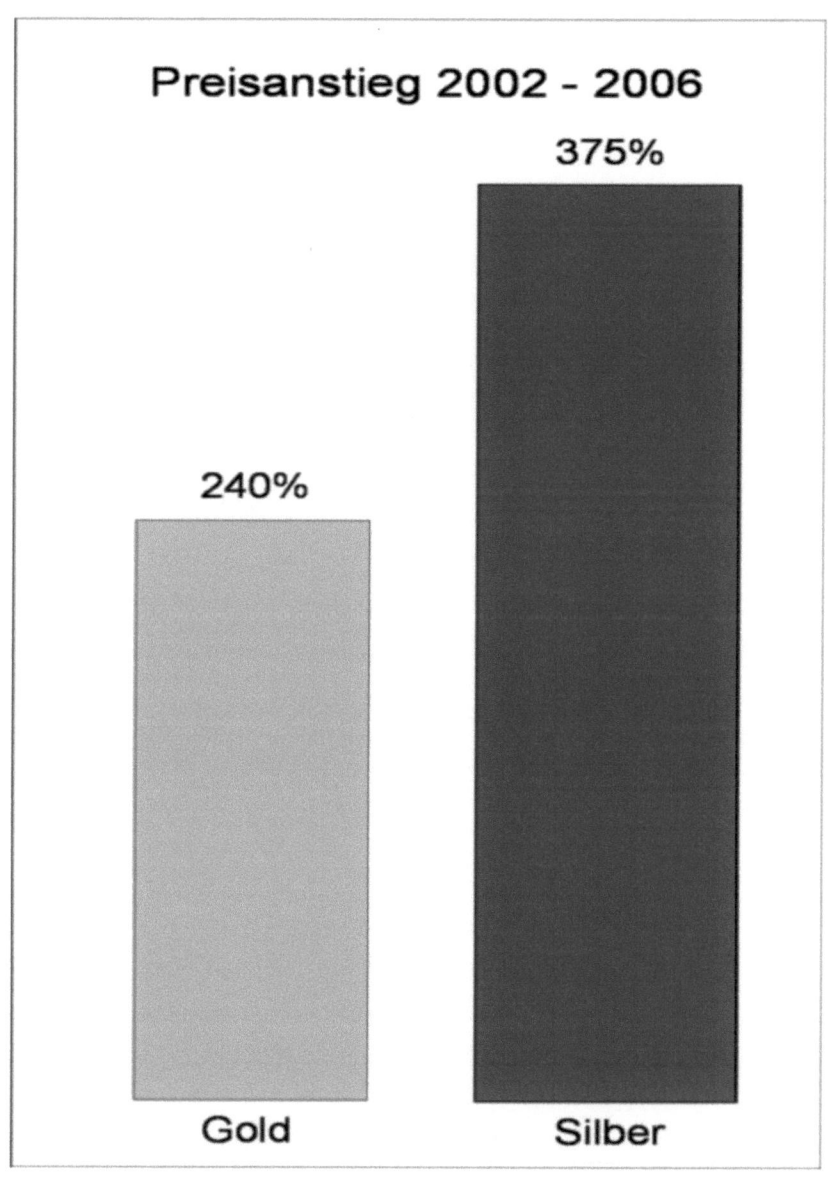

Preisanstieg 2002 - 2006

375%

240%

Gold   Silber

Im Zeitraum von 2002 bis 2006 stieg der Silberpreis wesentlich stärker an, als der von Gold. Was ist also zukünftig zu erwarten?

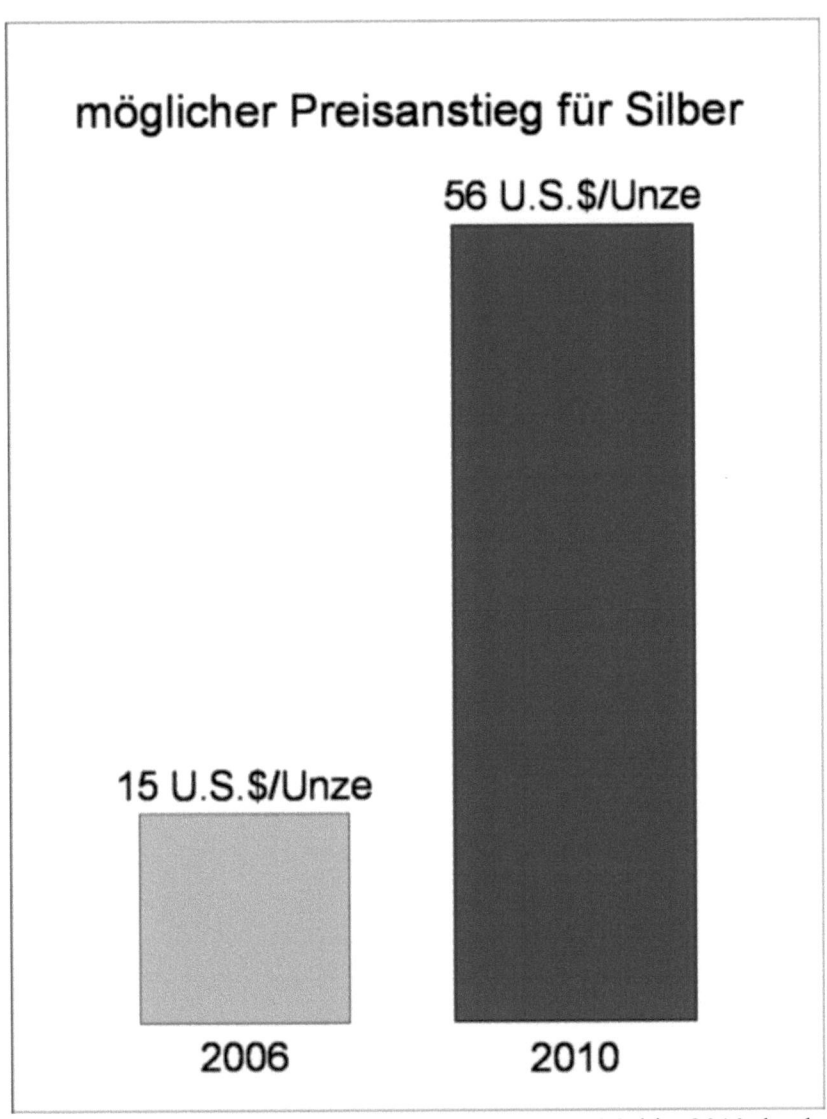

möglicher Preisanstieg für Silber

56 U.S.$/Unze

15 U.S.$/Unze

2006   2010

Rechnet man die Preisentwicklung 2002 – 2006 bis 2010 hoch, ergibt sich ein interessanter möglicher Gewinn, auch ganz ohne Krise. Daher erscheint Silber als die beste Investition für die Zukunft. Die Krisenabsicherung gibt es praktisch kostenlos dazu.

Schlusswort

Reich werden durch Staatsbankrott – mit Silber.

Das ist die klare und abschließende Aussage dieses kleinen Buches. Im Falle eines Staatsbankrotts in der Bundesrepublik Deutschland würde sich der Wert einer Investition in Silber nicht nur um das Zehnfache steigern, sondern sich wahrscheinlich eher verdreißigfachen. Meine persönlichen Berechnungen ergeben allerdings noch so viel mehr, dass ich mich im Rahmen dieses Buches nicht traue, genauer darüber zu schreiben.

Anderseits kann es immer anders kommen, als man denkt. Aus meiner Sicht wäre es der schlimmste anzunehmende Unfall, dass Silber bei einem Staats- und Währungscrash nur seinen Wert behielte. Jeder, der auch selbst damit gut leben könnte, sollte sein freies Geld für die sinnvolle Investition in Silber benutzen.

Doch wie ist dies am besten in die Praxis umzusetzen?

In Deutschland unterliegt der Kauf von Silber (im Gegensatz zu Gold) der Mehrwertsteuerpflicht. Diese beträgt bei Silberbarren volle 19%, aber bei Silbermünzen jedoch nur ermäßigte 7%.

Des Weiteren ist zu erwähnen, dass Barren gekennzeichnet sind. Hingegen gibt es Münzen aus Silber sogar als gültige Währung und das bei aller höchster Qualität von 9999! Diese könnten in Krisenzeiten Industriebetrieben sogar zur direkten Verarbeitung angeboten werden.

Daher habe ich mich für den kanadischen Maple Leaf (Nennwert 5 Can$) entschieden und bei „www.mp-edelmetalle.de" gekauft. Seit 2005 sind sie in Kunststoffboxen zu je 20 Stück verpackt. Ob Sie diesen leicht zu erwerbenden Schatz in einem Banktresor lagern oder lieber (möglichst originell) verstecken, bleibt Ihnen überlassen. Grundsätzlich gilt es zu beachten, dass eine Bank in Krisenzeiten an sich ein Risiko darstellen kann. Es macht dann sicherlich auch einen Unterschied, bei welcher Bank und in welchem Land die Hinterlegung stattfindet. Für all jene, welche wenig Geld haben, aber beispielsweise 25 € monatlich sparen wollen oder einfach nur den persönlichen Aufwand scheuen, könnten fertige Angebote im Internet interessant sein (z.B. www.goldsilber.org). Da ich persönlich davon keinen Gebrauch mache und auch keine Gewährleistung dafür übernehmen kann, rate ich Ihnen hierbei weder zu noch ab.

Denn ...

Wo Gold (Silber) und Edelsteine die Hallen füllen, kann niemand für ihre Sicherheit sorgen.

(Laotse)

Mögen dennoch möglichst viele Menschen mit Silber vorsorgen und sich einen Vorrat an Silbermünzen zulegen. Dies würde in einer Krisen-, Übergangs- oder Bankrottzeit die Gesamtsituation entscheidend stabilisieren. Zur Zeit ist der Anteil der bundesdeutschen Bevölkerung, die Edelmetalle wirklich physisch besitzen, beklagenswert niedrig: 0.5%!!!

In diesem Sinne ...

Ihr Frank Manthey

Quellen

Internet:

www.google.de

www.bundesbank.de

www.destatis.de

www.steuerzahler.de

www.staatsverschuldung.de

www.imf.org

www.mbaa.org

www.federalreserve.gov

www.goldseiten.de

www.heise.de

www.tagesschau.de

www.wikipedia.de

www.schulphysik.de/klima/klima2003/khz.html

www.goldman-sachs.de

www.goldsilber.org

www.mp-edelmetalle.de

Bücher:

Sprengstoff Geld. Wie das Kapitalsytem unsere Welt zerstört
von Günter Hannich

Staatsbankrott. Wann kommt die nächste Währungsreform?
von Günter Hannich

Staatsfinanzen, Staatsverschuldung, Staatsbankrott in der
europäischen Staaten- und Rechtsgeschichte
von Gerhard Lingelbach

Der Crash kommt
von Max Otte

Das Silberkomplott
von Reinhard Deutsch

Freispruch – für CO2! Wie ein Molekül die Phantasien von Experten
gleichschaltet
von Wolfgang Thüne

Der Klimaschwindel
von Kurt G. Blüchel

Die Angsttrompeter
von Heinz Hug

Reichtum kann man lernen
von Robert T. Kiyosaki mit Sharon L. Lechter

Neuland des Denkens.
von Frederic Vester

Also sprach Laotse
von Wen-Tzu